BAUFAHRZEUG

MALBUCH

AF103687

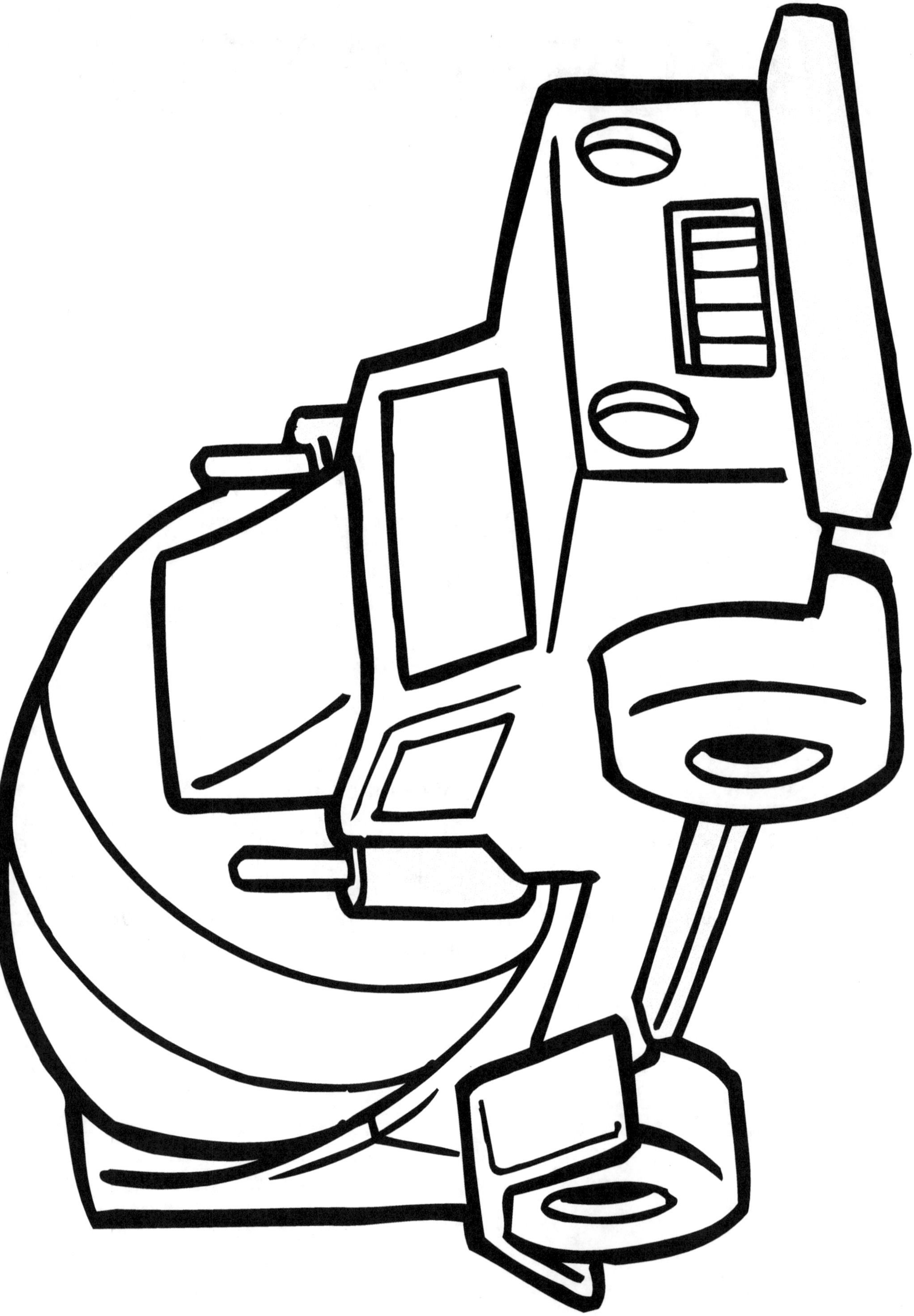

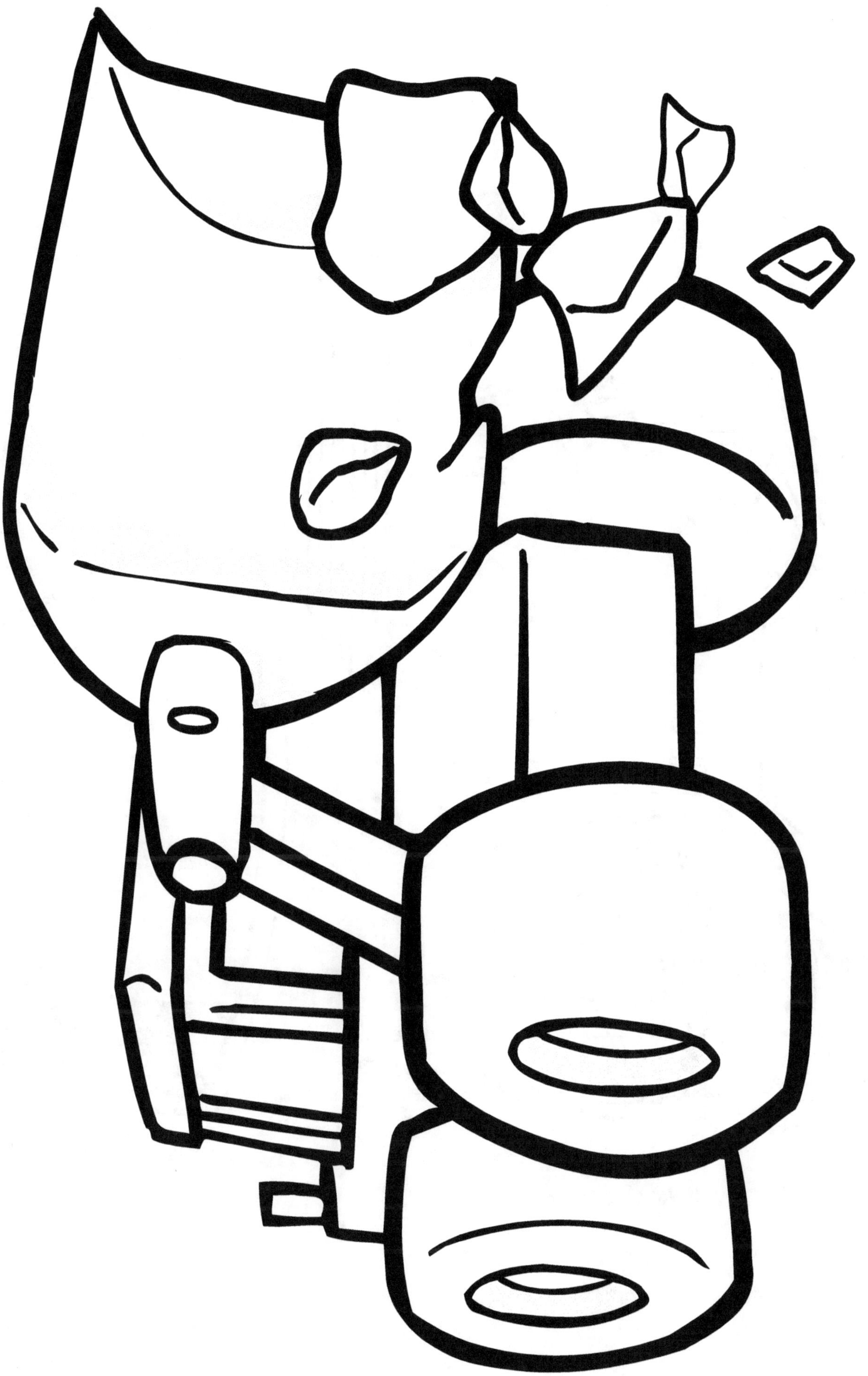

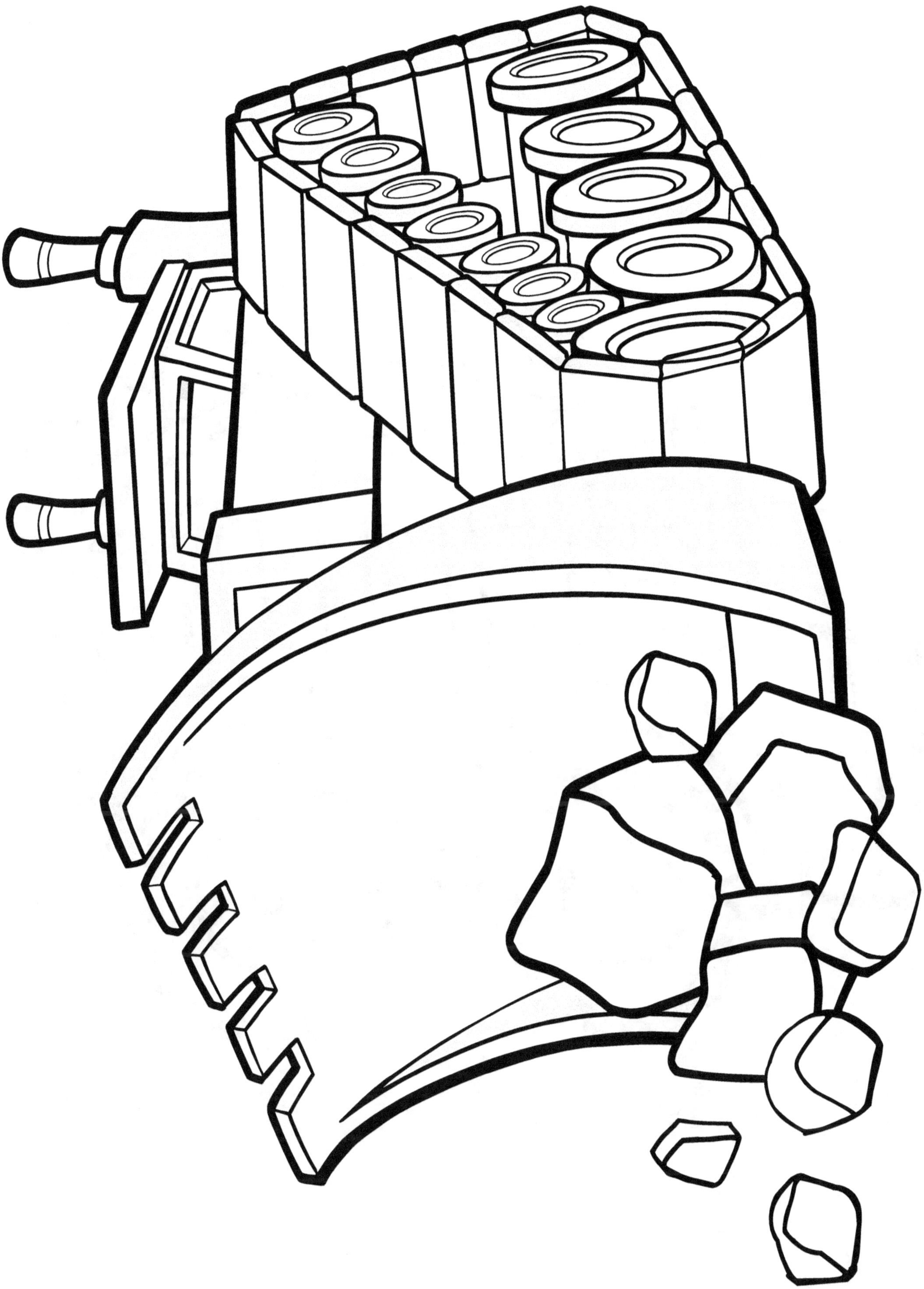

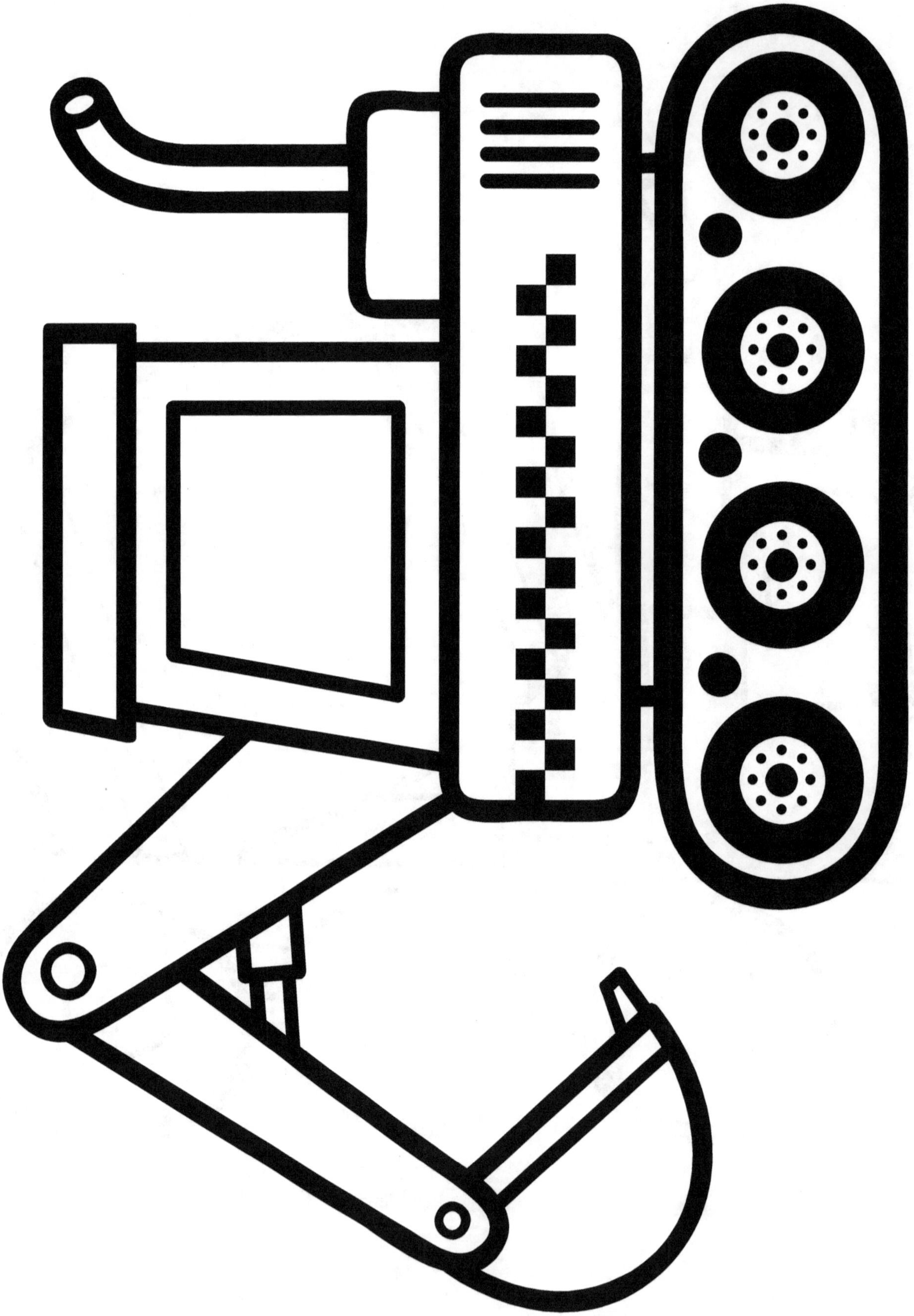

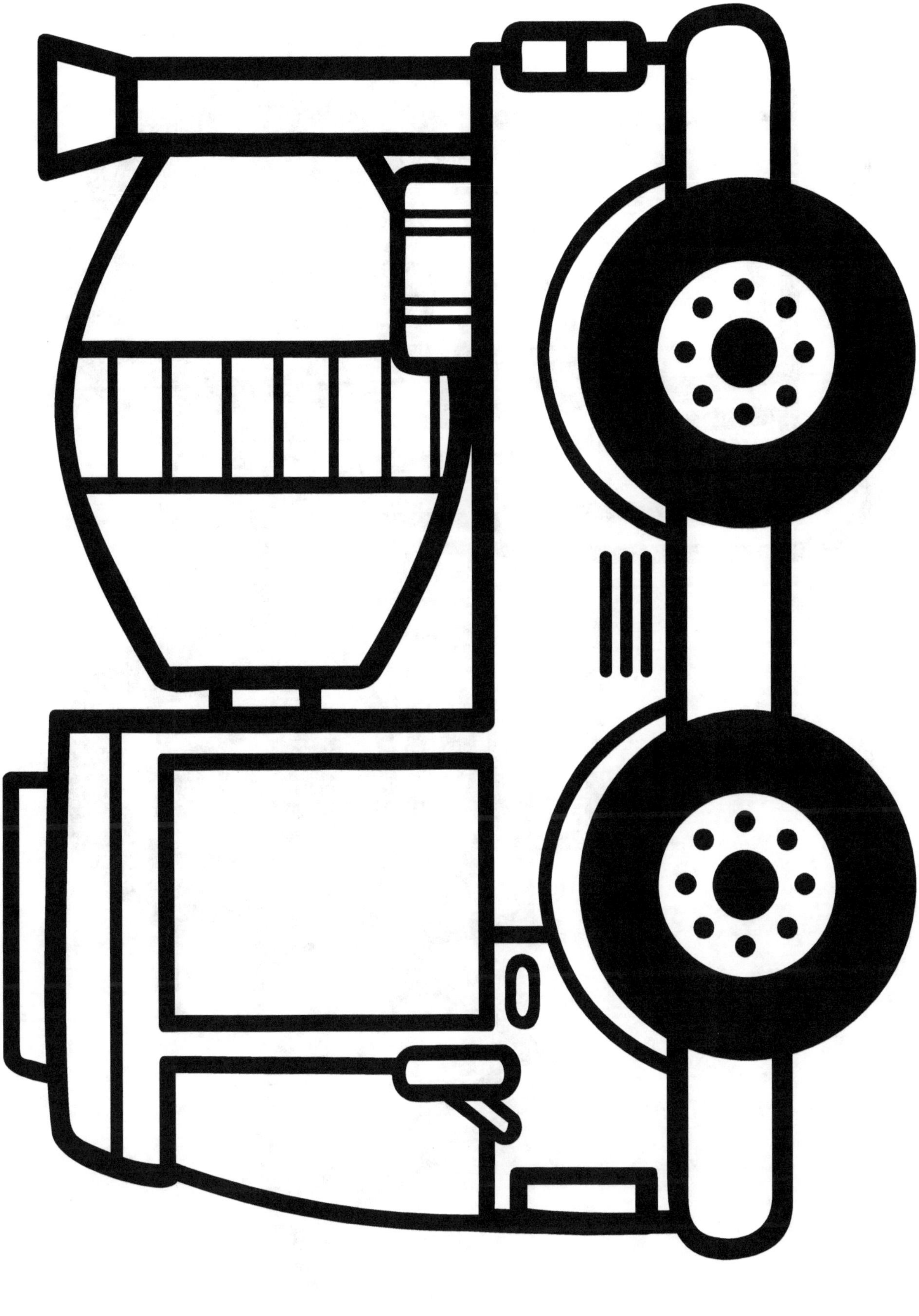

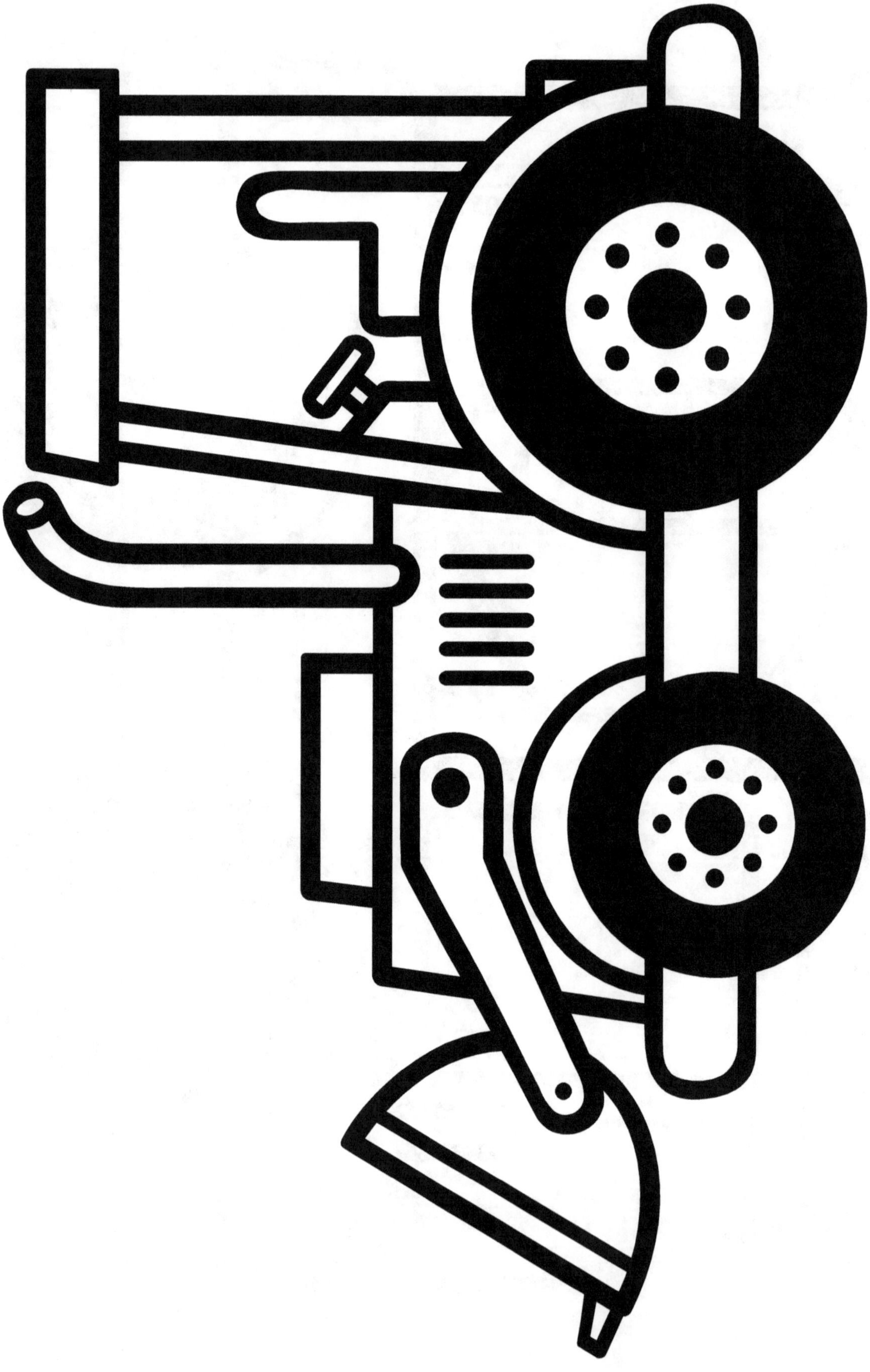

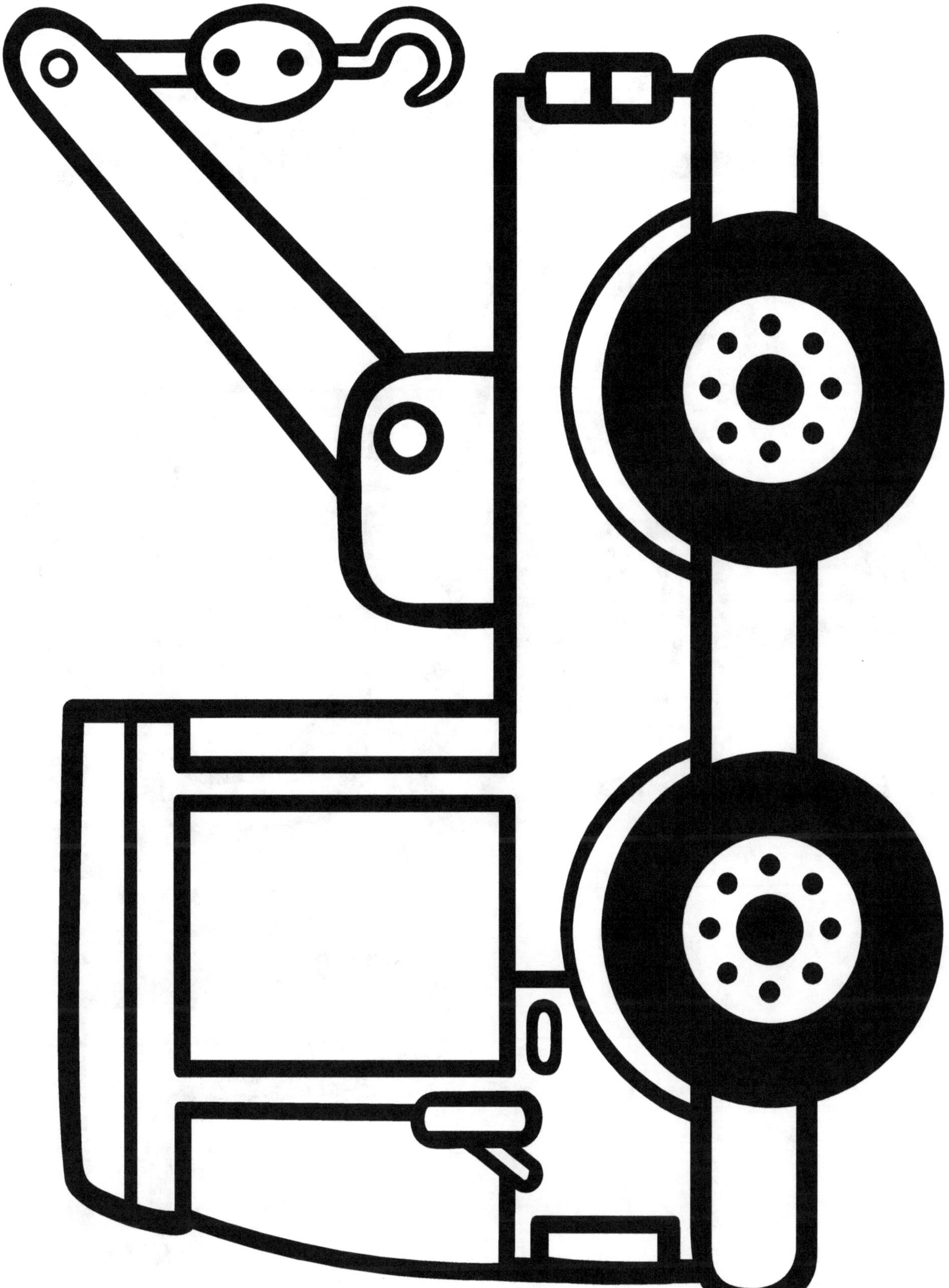

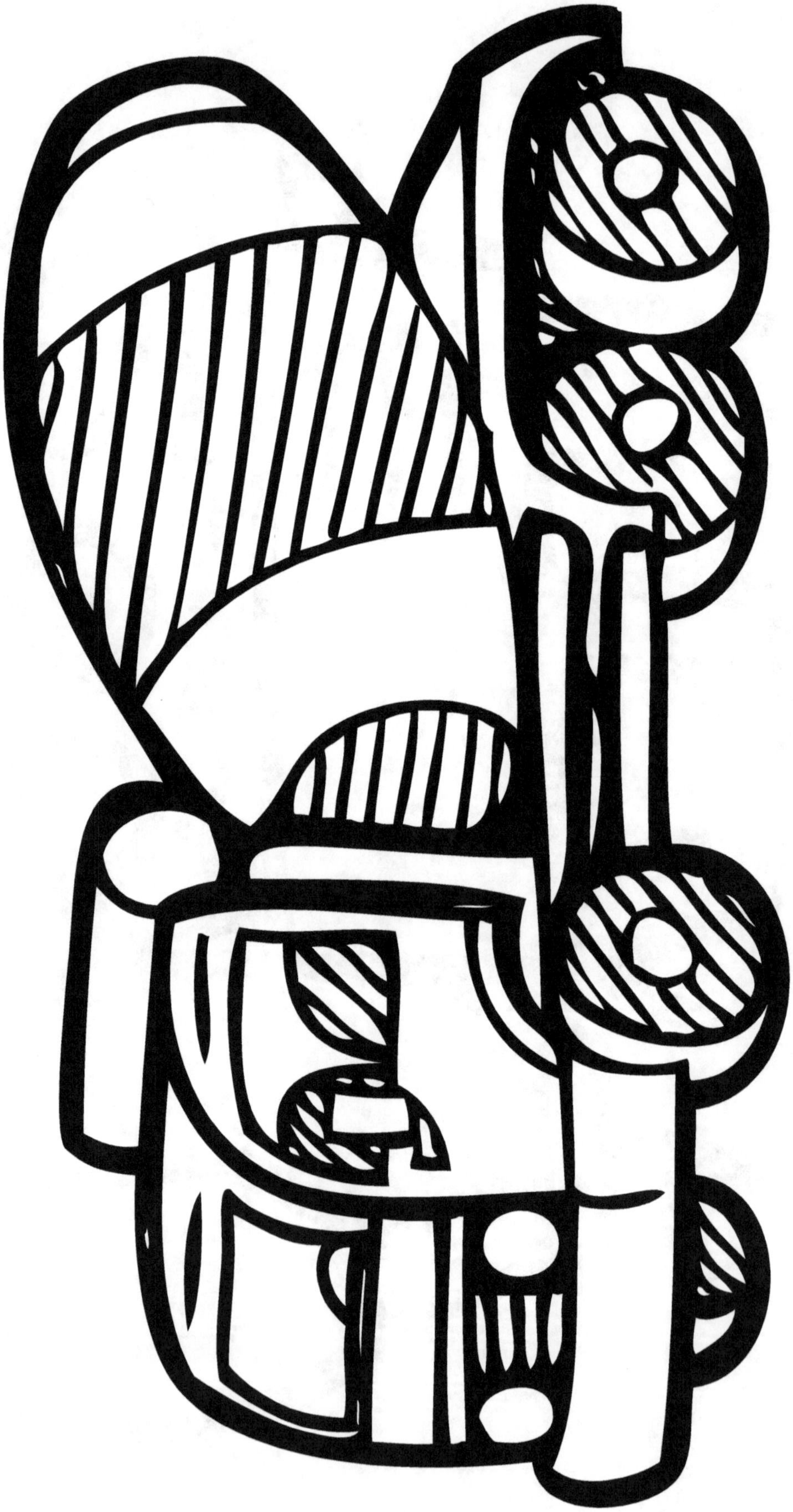

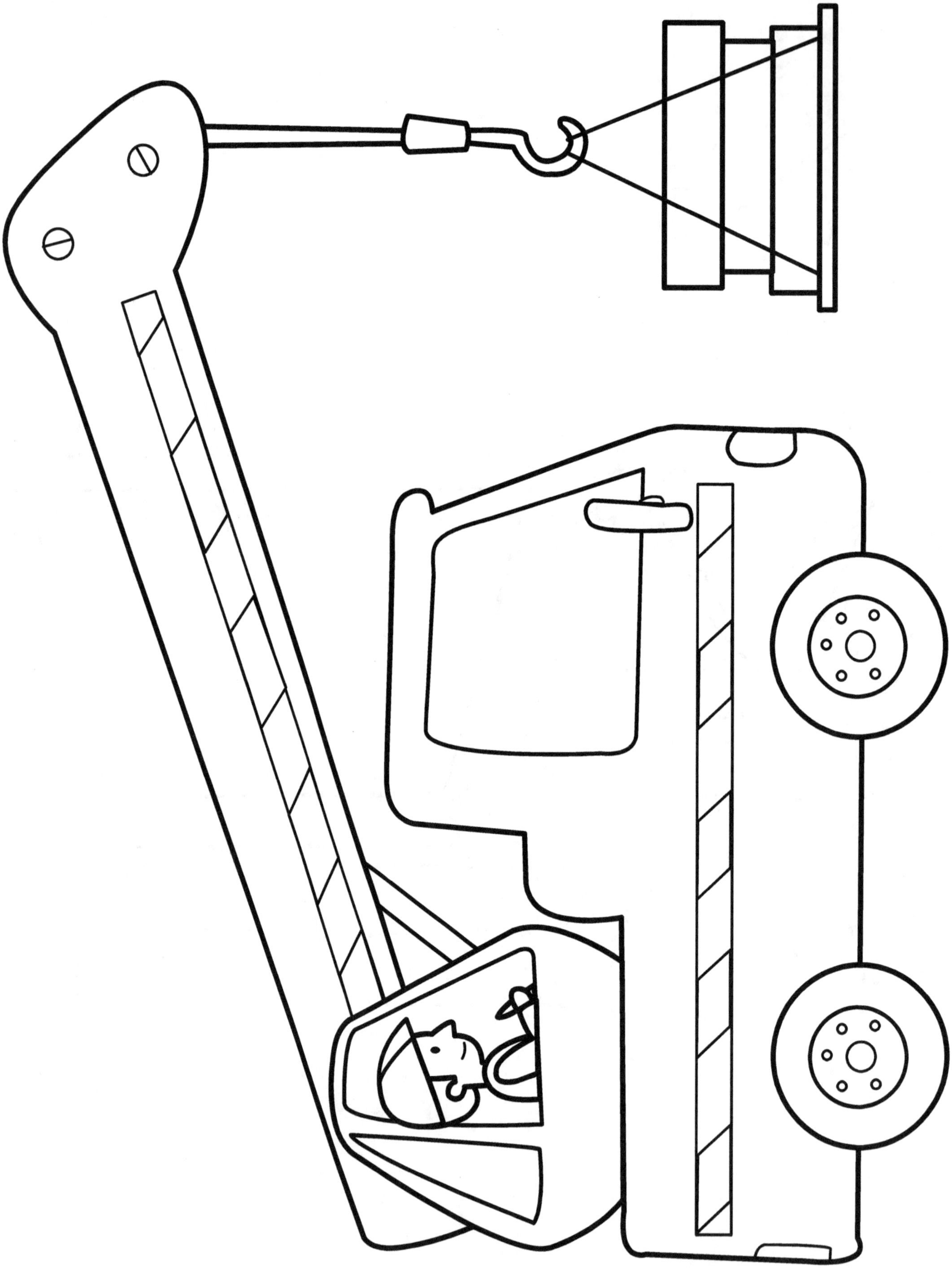

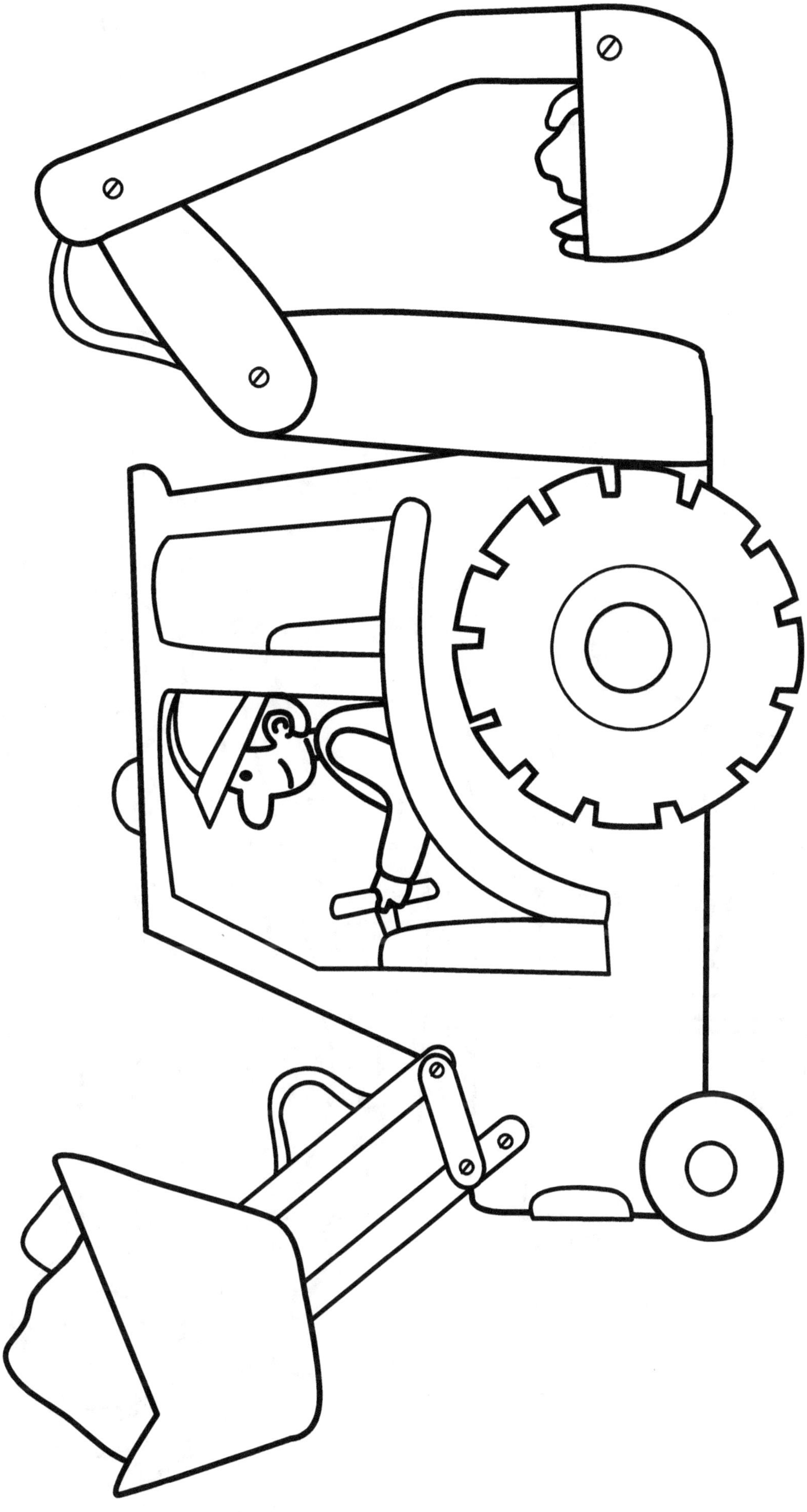

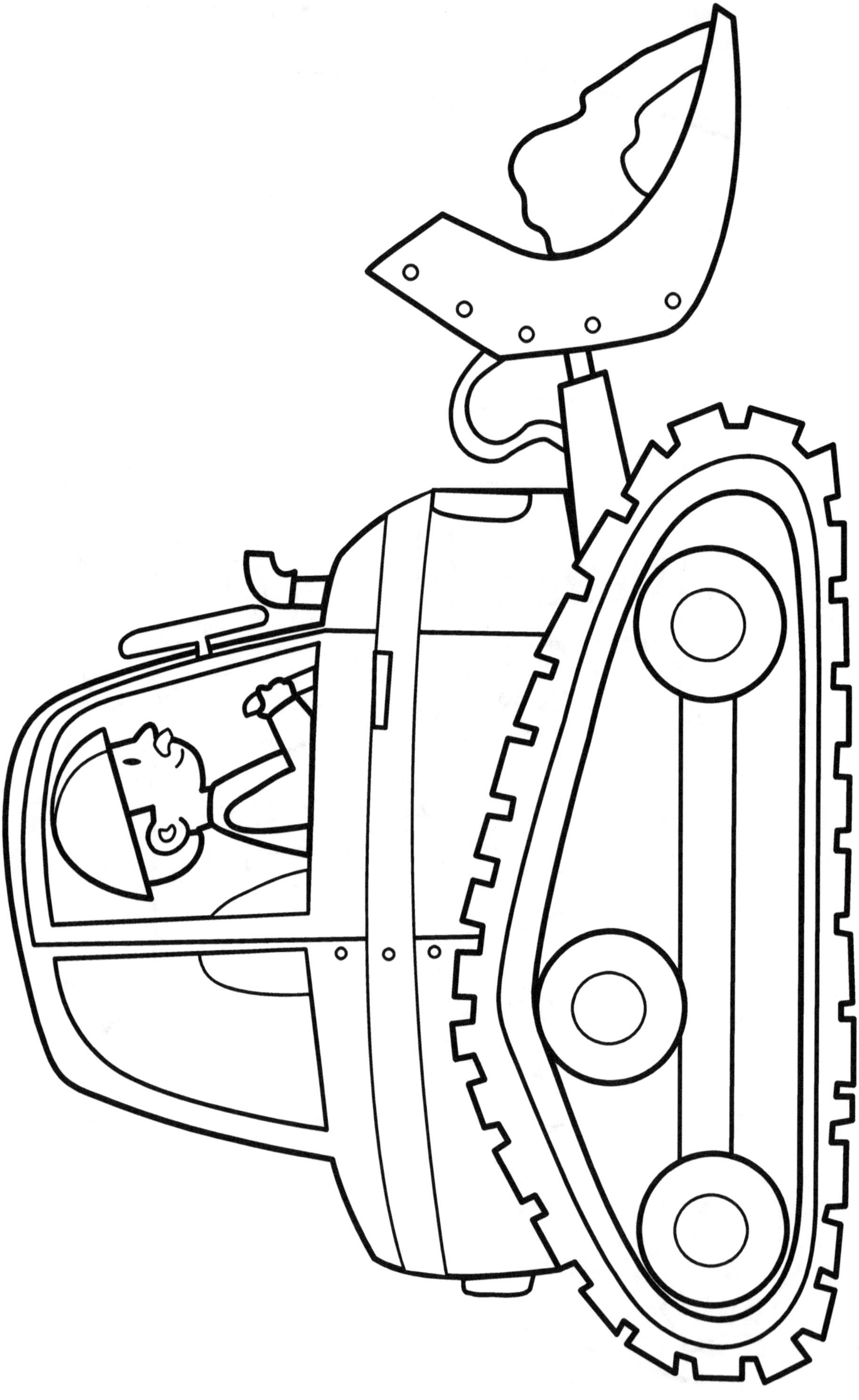

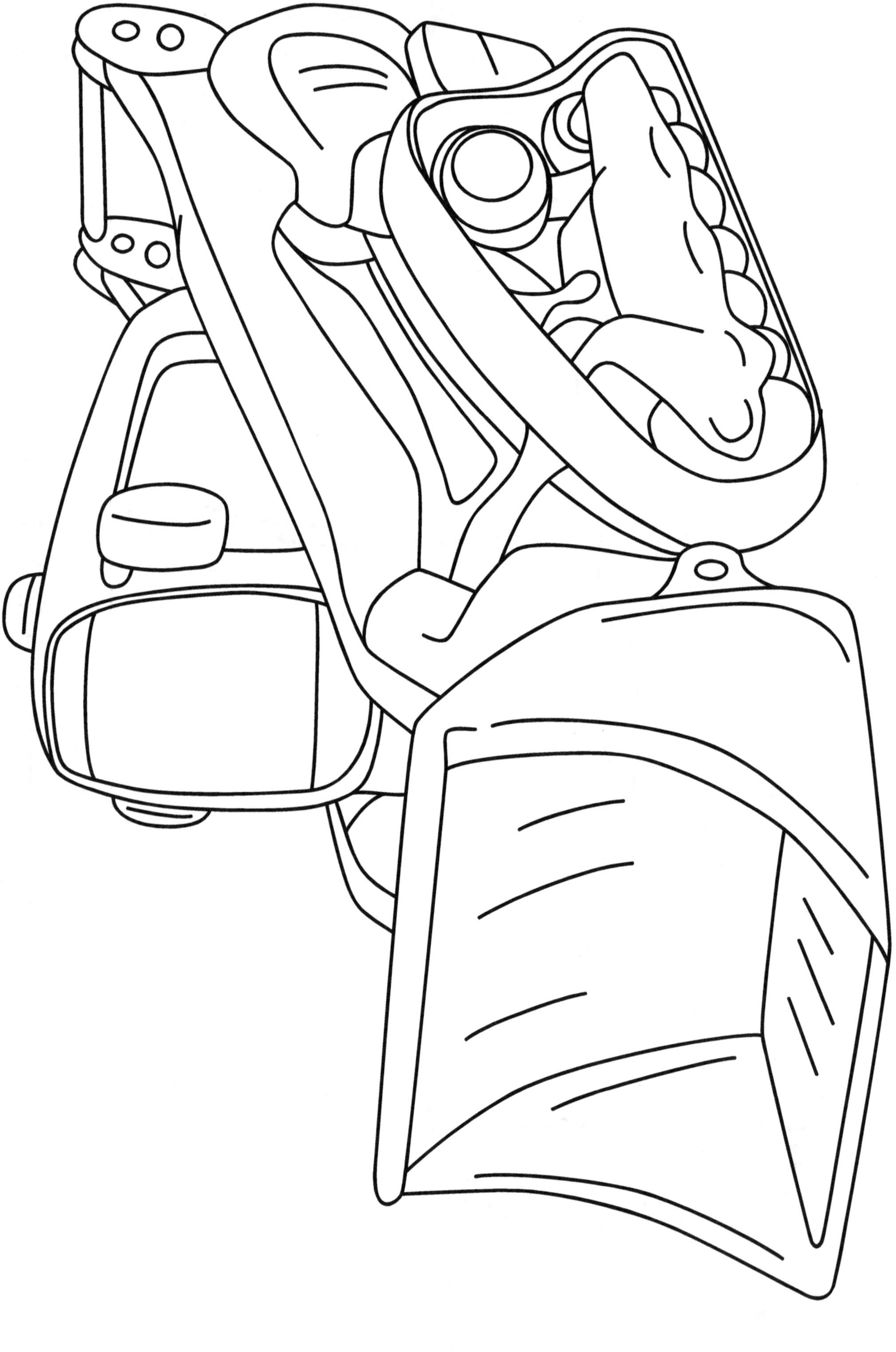

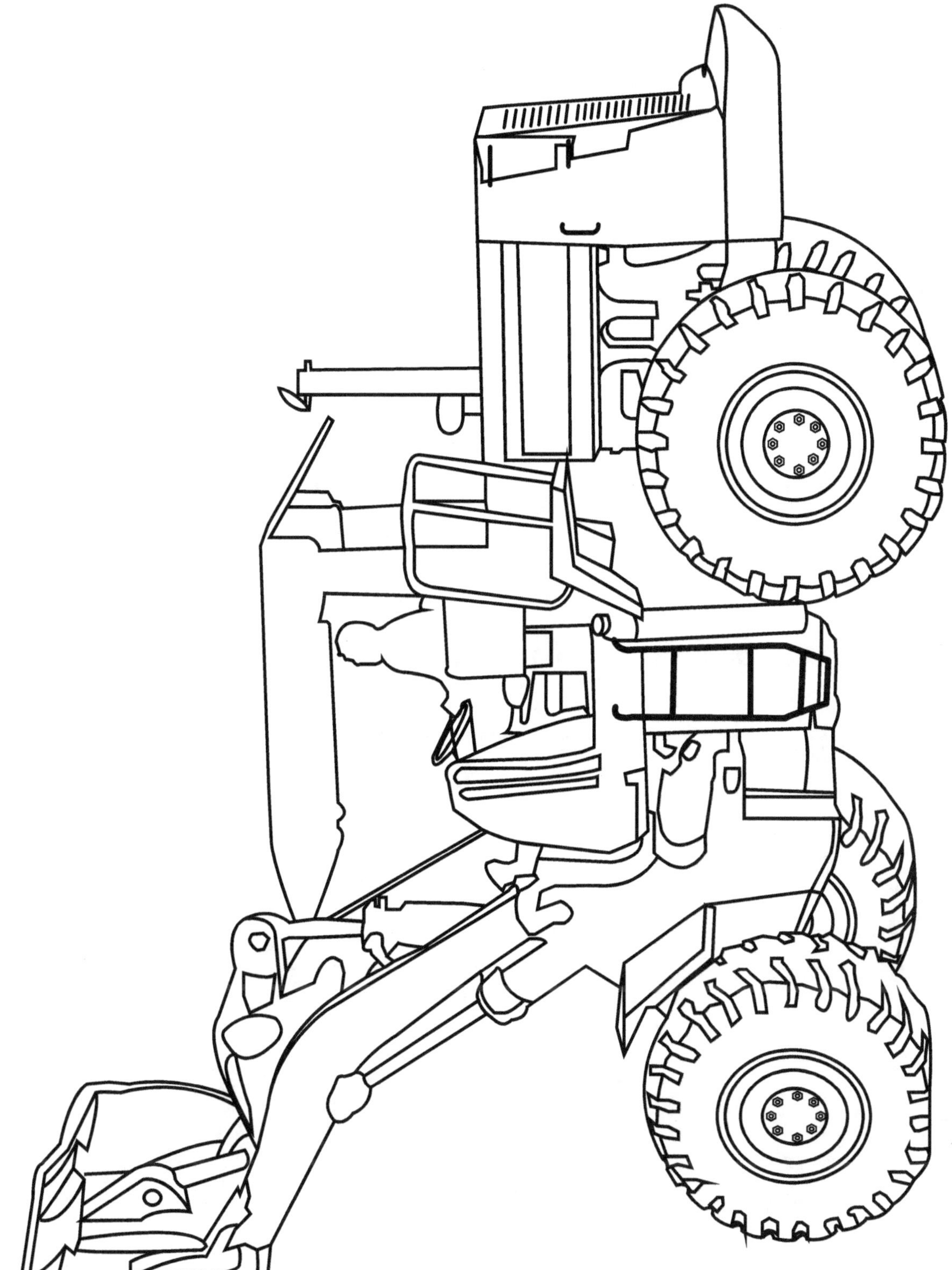

www.ingramcontent.com/pod-product-compliance
Lightning Source LLC
LaVergne TN
LVHW081547060526
838200LV00048B/2251